AF263061

BUONAPARTE

JUSTIFIÉ

AUX DÉPENS DE QUI IL APPARTIENDRA,

OU

LA CONFESSION DU SÉNAT.

Quand tout le monde s'acharne avec fureur contre un homme frappé de nullité, quand ceux-mêmes qu'il a comblés d'honneurs, de biens, de dignités, sont les premiers à lui jeter la pierre, et à l'accabler dans sa disgrâce, il ne serait ni généreux ni glorieux de l'attaquer, et de le frapper quand il est prosterné et terrassé par une puissance irrésistible, qui se joue des plus grands conquérants, et les brise comme du verre, lorsqu'elle les a fait servir à ses fins, et qu'ils ont été, entre ses mains, les instruments de sa juste vengeance. C'est du moins le sentiment qui m'anime en ce moment à l'égard de cette victime frappante du néant des grandeurs humaines, et c'est ce qui me détermine à publier son apologie, comme je l'ai entendue de la bouche même de plusieurs Sénateurs, honteux des excès auxquels plusieurs de leurs collègues se sont portés contre leur bienfaiteur, et rougissant surtout des motifs allégués pour sa déchéance : à bien examiner la chose en effet, on sera forcé de convenir que ces motifs et ces considérants sont plus honteux pour le sénat que pour Napoléon, et qu'ils couvrent d'opprobres ceux qui, dans leur lâche et audacieuse constitution, ont osé les prendre pour bases de l'acte monstrueux par lequel ils ont cherché à se perpétuer eux et leur race dans les *pairies* et les richesses qui étaient le fruit de leurs complaisances criminelles, et dont ils ne pouvaient et ne peuvent jouir sans se dégrader entièrement.

La déchéance de Buonaparte a été prononcée, disaient-ils, et elle devait l'être pour le bien de l'humanité: mais si c'était à nous à le faire, c'était avant que le peuple français eût droit de nous associer aux crimes du tyran et même de nous en rendre responsables; c'était avant d'avoir consacré le despotisme et la fureur de dominer, par notre dévouement servile, nos adresses basses et flatteuses, et nos sénatus-consultes homicides; c'était avant d'avoir démérité de la France par notre complicité au despotisme affreux du tyran, et de l'Europe entière en fournissant à son dévastateur les moyens de la dépeupler totalement.

Mais reprenons les choses de plus haut, et pour l'amour de la justice, développons un peu ces idées, et ne craignons pas de mettre la vérité dans tout son jour.

On reproche à *Buonaparte*, disait l'orateur des membres les plus purs du Sénat (et il en est plusieurs parmi eux), on reproche à *Buonaparte*

d'avoir, de tout temps, médité le projet de ceindre la couronne de France, et de s'asseoir sur le trône de St.-Louis : sans chercher à discuter la question de savoir s'il a eu jamais assez d'à-plomb et de grandeur dans les idées pour prévoir de si loin, ou s'il n'a pas plutôt été entraîné par le torrent des circonstances qui l'ont porté au faîte du pouvoir, plutôt qu'il ne s'y est acheminé par une marche sagement combinée, je répondrai pour lui : « Que me reprochez-
» vous? qui étais-je pour concevoir d'aussi vastes
» projets? Avez-vous oublié le petit *Corse*, élevé
» par charité par la générosité de M. de Marbœuf
» en reconnaissance des bontés que ma mère avait
» eues pour lui? Avez-vous oublié que malgré tout
» le génie que vous me prêtiez encore il y a six se-
» maines, j'avais eu bien de la peine, malgré une
» révolution désastreuse, à parvenir au grade de
» lieutenant d'artillerie? Avez-vous oublié que sans
» ma facilité à consentir à devenir l'époux *fortuné*
» de la maîtresse de *Barras* et de tant d'autres, je
» serais peut-être encore ignoré, et que ce fut à
» cette *noble* alliance que je dus les faveurs de
» *Barras* d'ignoble mémoire, qui m'envoya en Ita-
» lie faire l'apprentissage de ce talent destructeur
» que j'ai porté si loin dans la suite. On me repro-
» che aussi d'avoir tiré sur les pauvres Parisiens;
» mais ignore-t-on que je n'étais encore qu'un être
» passif? et tels et tels qui osent m'imputer cet
» odieux parricide et qui siégent encore dans le
» sénat, ou dans les premières magistratures de

» France ne peuvent avoir oublié que c'était d'eux et
» de leurs pareils que je tenais cet ordre barbare.
» On me fait un crime d'avoir abandonné mon ar-
» mée en Egypte, et d'avoir laissé exposé à la ven-
» geance des Turcs et des Anglais le reste d'une
» armée sacrifiée ; est-ce encore à moi qu'il faut se
» prendre de ce désastre ? Je le répète, je n'étais
» qu'un vil instrument d'une autorité plus vile en-
» core peut-être, et je n'aurais osé faire voile pour
» la France, si je n'eusse été armé d'un ordre signé
» de maint et maint Caméléons qui se sont traînés,
» de gouvernement en gouvernement, jusqu'à mes
» pieds, pour m'écraser ensuite quand je serais ter-
» rassé par des armes plus nobles et un courage
» moins suspect. »

Mais il s'est emparé de la souveraine autorité !
serait-ce aussi un de leurs griefs ? un reste de pudeur les a empêchés de lui faire ce reproche. Toute
la France se serait écriée, dans une juste indigna-
tion : Vous en avez menti, impudents que vous êtes ;
c'est vous qui avez offert la couronne à Buonaparte ;
c'est vous, lâches esclaves, qui lui avez servi de
marchepied pour monter au trône ; c'est vous qui
après avoir, les uns assassiné notre auguste roi, et
proscrit ou massacré sa noble famille, les autres
trempé vos mains dans le sang de vos collégues ;
presque tous enfin juré haine à la royauté et aux
rois, et prononcé la peine de mort contre quiconque
oserait prononcer ces noms que vous cherchiez à
nous rendre si odieux, tant que votre intérêt exi-

geait l'anéantissement de la malheurese dynastie dont l'excessive clémence semblait autoriser vos forfaits ; c'est vous enfin, dirait-elle, qui avez osé armer du sceptre le tyran que vous condamnez aujourd'hui, pour avoir usé de l'autorité que vous lui aviez déférée vous-mêmes.

Jusqu'ici, Messieurs, continuait le défenseur bénévole de Buonaparte, vous voyez que les reproches ne pèsent point encore sur la victime qui vient d'être immolée, mais sur les misérables destructeurs de la monarchie, qui ne trouvant pas dans toute la France, ni même dans leur sein, un homme capable de la relever, n'ont cru pouvoir confier cette grande mission qu'à un Corse, qui eût toujours été ignoré et éclipsé, s'ils ne lui eussent fourni les moyens de faire le mal.

Voyons maintenant si, en parcourant les autres époques du règne de l'usurpateur, si indignement abandonné par ses créatures, il ne sera pas démontré aussi évidemment, que tout l'odieux ne doit pas retomber uniquement sur lui, mais bien sur ses complices et ses instigateurs. Il faut du courage pour l'avouer ; mais il est de notre devoir pourtant d'éclairer l'univers sur nos fautes, sur nos erreurs, sur nos remords. En rédigeant l'acte informe et grossier de la déchéance, nous avons donné des armes contre nous. Nous avons déjà fait d'assez grands aveux ; encore quelques-uns, et notre conscience pourra être du moins soulagée au prorata de nos fautes ; car il est parmi nous des hommes marqués d'un caractère d'infamie indélébile, tandis qu'il en est d'autres capables d'honorer la France par leurs talents et leurs services, et la société par leurs vertus et leurs bonnes qualités.

« Considérant, dit l'acte, après avoir fait l'apologie du règne de Buonaparte, » *qu'il a entrepris une suite de guerres en violation de l'article 50 de l'acte des constitutions, du 22 frimaire an 8, qui veut que la déclaration de guerre soit proposée, discutée, décrétée et promulguée comme les lois.*

Il est bien temps vraiment de lui faire ces reproches, quand nous avons gardé le silence pendant douze ans, quand nous avons laissé ruisseler le sang des peuples qui, par cette constitution même que nous invoquons, étaient confiés à notre sauvegarde, quand nous avons laissé dépeupler les campagnes dont la culture devenait impossible, faute de bras. Quelle résistance avons-nous opposée? Quel dévouement avons-nous jamais montré à la chose publique? Si quelques-uns parmi nous (et çà toujours été la très faible majorité,) ont voulu faire entendre le cri de l'honneur, et résister à l'oppression, leurs voix n'ont-elles pas été toujours étouffées par la grande majorité vendue à la tyrannie?

Et, sans passer en revue tous les considérants de cet acte étrange qui n'émane que de la faiblesse, de l'ingratitude et de la perfidie, tous ces griefs n'existaient-ils pas déjà, lorsque nos orateurs félicitaient le tyran sur l'abus de son pouvoir, et sur ses prétendues victoires. Chaque fois qu'il venait ou qu'il envoyait faire à son sénat l'énumération fastueuse des trophées sanglants qu'il disait avoir érigés, des *cadavres* dont il avait jonché des plaines immenses, quel est celui d'entre nous qui a jamais osé essayer la voie de la représentation? C'était alors qu'il fallait s'armer de cette constitution, dont nous invoquons en vain la sainteté aujourd'hui, pour en foudroyer le tyran. Alors nous aurions mérité l'estime et l'amour du peuple, alors nous aurions justifié le titre de *conservateur*, si faussement attribué au sénat, si nous eussions défendu l'arche prétendue sainte, confiée à notre garde, et prononcé la déchéance du profane qui, ayant osé y porter atteinte une fois, a trouvé dans l'impunité un attrait qui l'a déterminé à la polluer si souvent, et d'une manière si dérisoire pour nous. Mais est-il bien généreux de fouler aux pieds le dragon prosterné, et de venir *secondairement* fouler aux pieds le tyran dont nous devions défendre le peuple, et nous arroger insolemment le droit de rappeler au trône des princes que les voeux de la saine et majeure partie du peuple y rappellent depuis plus de vingt ans, malgré nos oppositions, notre fureur et notre tyrannie.

On reproche à Buonaparte d'avoir rendu illusoire la liberté de la presse, par le moyen de sa police vexatoire, et d'en avoir abusé pour remplir la France et l'Europe de faits controuvés.

Le reproche n'est pas sans fondement; mais à

qui s'en prendre encore? Que faisait donc cette commission sénatoriale de la *liberté de la presse?* De quoi était elle occupée, lorsqu'on attentait si audacieusement à cette prétendue prérogative du peuple? De quoi? Je le sais bien, et je ne rougirai pas de l'avouer ; les G...t, les Ch...t, et quelques autres membres de cette commission, se souciaient fort peu du peuple, ne pensaient qu'à faire leur cour, et même souvent se rendaient les ministres de son inquisition ; et l'on ose, après cela, motiver la déchéance sur une infraction que le sénat pouvait, devait même arrêter, sans attendre que le tyran eût cumulé victime sur victime. Ah! il faut avoir perdu toute pudeur.

On parle des prisons d'état ; et quelles étaient donc les fonctions de la commission sénatoriale de la *liberté individuelle?* N'était-elle encore qu'un vain épouvantail contre les attentats de l'usurpateur, ou plutôt n'est-elle pas une suite naturelle de la jonglerie ministérielle, sénatoriale et impériale, qui a si long-temps berné le peuple crédule, au point de lui fasciner les yeux sur les choses mêmes dont il était le triste témoin et la malheureuse victime.

Mais Buonaparte, à force de victoires et de conquêtes, a fini par ravager et dépeupler presqu'entièrement nos belles contrées ; il a englouti, comme dans un abyme sans fond, des trésors immenses et des générations entières, et amené jusque dans Paris, des peuples qui semblaient devoir être animés de l'esprit de vengeance, et qui ont donné à leurs

ennemis, je dirai même à leurs injustes persécuteurs,
des leçons de modération et d'équité. Sans doute,
il serait difficile de justifier de pareils excès ;
(c'est encore le sénateur qui parle) mais je
trouve encore pour lui une ombre d'excuse dans la
faiblesse coupable que nous avons montrée. Lorsque
ce fier conquérant, après avoir livré, à Moskow,
au fer des Russes, ou plutôt à leur pitié, les débris
de cette armée superbe qu'il avait emmenée quelques mois auparavant, et dont il a laissé les membres
épars dans les glaces et les neiges d'un empire que
la nature semble avoir elle-même séparé de nous
par un climat affreux, et absolument contraire à la
délicatesse de notre tempérament ; rappelons-nous
un instant et ce que nous pouvions alors, et ce qu'il
semblait redouter lui même, quand ce vain et or-
gueilleux despote revenait, si doux, si humble, si
soumis, si rampant, nous dire d'un air tremblant :
*Je ne veux ni hommes, ni chevaux, ni argent ; je ne
demande plus aucun sacrifice au peuple, il me
reste des ressources suffisantes pour repousser ces
barbares dans leurs affreux climats.* Nous n'avons
point encore pu oublier ses expressions, ni la lâ-
cheté avec laquelle on a vu un *La.... de* flagorner
indignement le pouvoir arbitraire, et lui offrir, au
nom du sénat, le sang du peuple, la bourse des
particuliers *et non la leur*, et le reste des chevaux
de la campagne. Ne pouvions-nous pas alors, sans
montrer même un grand dévouement à la chose publique, le prendre au mot, le complimenter même,

puisque nous avions des orateurs si adroits à trans-
former les abus de pouvoir en traits de grandeur
et de bonté, et les vices en vertus ; le complimenter,
dis-je, de mettre enfin un terme aux sacrifices nom-
breux et excessifs qu'on exigeait depuis si long-temps
d'un peuple épuisé, et de ce qu'il daignait laisser enfin respirer les générations mutilées. Ou l'homme
sur qui nous voulons en vain rejeter tout l'odieux de
son gouvernement, aurait été obligé de faire la paix,
ou il eût été obligé de se démasquer entièrement, en
exigeant, par la violence, ce qu'il avait feint de refu-
ser ; et alors, de notre côté, ou nous nous serions
vus pour ainsi dire la main forcée pour donner acte
de vigueur, ou nous pourrions en ce moment trou-
ver, dans la violence, une sorte d'excuse à notre pusillanimité, mais jamais un titre dont nous ayons eu
droit de nous armer contre lui ; car il sera toujours
en droit de nous dire : il existait un pacte sacré et so-
lennel, dont vous étiez les gardiens ; vous étiez où
je vous avais moi-même placés, entre le peuple et
moi, parce que je connaissais mon penchant à em-
piéter sur le pouvoir et l'autorité ; mais vous n'avez
usé de votre crédit que pour vous gorger d'honneurs,
de richesses, de cordons, de dignités, et jamais
vous ne vous êtes occupés du peuple, jamais vous
n'avez fait le moindre effort pour réprimer les écarts
de mon ambition effrénée ; et c'est vous, oui c'est
vous, sénateurs et ministres, qui m'avez, je ne dis
pas laissé tomber, mais précipité dans l'abyme de
malheurs où j'ai failli entraîner la France avec moi,

et dont je ne sortirai jamais ; je voue pour toujours à l'exécration du peuple les membres impurs qui sont encore dans votre sein ; et, si la France veut être heureuse sous les Bourbons dont j'avais osé usurper le trône, à la sollicitation et par le secours de plusieurs d'entre vous ; il faut qu'elle commence par les reléguer dans l'obscurité dont ils n'auraient jamais dû sortir, pour le bien de l'humanité. Il me semble l'entendre lui-même, et je crois que ce serait là le discours qu'il tiendrait au tribunal de la vérité. Il ne chercherait pas à se justifier, mais à vous associer à sa cause, et à prouver au peuple et au Roi que plusieurs d'entre vous méritent de partager son sort et le profond mépris dans lequel il est tombé.

Ce sont, messieurs, des vérités bien dures à avouer ; mais il est encore beau de se connaître soi-même, et il est plus noble et plus honorable d'avouer ses fautes, quelque grandes qu'elles soient, que d'y persister, et de chercher à les justifier ou à les pallier par une série de mensonges et d'impu lences, qui peuvent bien en imposer à la multitude pendant quelques années, mais qui ne servent bientôt après qu'à appeler sur la tête du coupable la haine et l'exécration du peuple entier éclairé du flambeau de la vérité.

Et quand, dernièrement encore, ce superbe conquérant a osé se remontrer à Paris, après avoir fui honteusement dans la Saxe, en sacrifiant lâchement cette foule de braves et généreux français qui l'avaient suivi ; n'était - ce pas encore une belle occasion que la Providence nous offrait de ré-parer toutes nos fautes, en signalant une seule fois notre courage et notre dévouement à la chose publique? Comment en avons-nous profité? Nous avons porté le dernier coup à la liberté des français, en arrachant à leurs foyers, pour aller chercher une mort certaine, des hommes que leur âge, leurs sacrifices, leur viduité d'enfants déjà égorgés pour une si mauvaise cause, semblaient devoir rendre étrangers à un métier aussi désastreux, aussi fatiguant que la guerre, qui demande de la jeunesse, de la force, et un goût décidé pour cette noble profession dans laquelle nos braves compatriotes ont trouvé la mort ou la gloire, mais où ils n'ont pas laissé de défendre et de sauver l'honneur français, malgré l'injustice du parti qui leur faisait répandre inutilement un sang précieux qu'il eût mieux valu consacrer à la défense de nos rois légitimes. Que faisaient nos commissaires dans les départements? Quelle était leur mission? de soulever, au nom de la liberté, le paisible habitant des campagnes contre des princes magnanimes qui venaient la leur rendre, cette liberté, dont ils n'avaient connu depuis vingt-cinq ans que le fantôme ensanglanté. Nous osons reprocher à Buonaparte *d'avoir attiré, par les suites de guerres injustes et vexatoires, un* déluge de maux sur notre malheureuse patrie. Mais si tous ces fléaux sont les suites de la guerre, à qui doit-on en faire un crime? Ne rougissons pas de convenir encore que, puisque c'était au Sénat qu'appartenait le droit de discuter, de décréter la guerre, c'était donc à lui à l'empêcher, et à forcer le tyran à faire la paix. Au lieu de le complimenter bassement sur des victoires désastreuses, et sur ses projets de vengeance et d'envahissement, il eût fallu du moins user du droit de remontrance, et prouver au peuple que nous étions dignes d'être ses médiateurs. Ce que, dans notre pusillanimité, nous ne nous sommes pas senti le courage de faire, le Corps-Législatif l'a fait; M. *Laisné*, et ses généreux collégues ont bravé la tyrannie, et se sont exposés, pour défendre les droits du peuple et la cause de l'humanité, à la haine du despote, aux fers, à la mort même. Il fallait, disait-on hautement auparavant, que quelqu'un eût la hardiesse *d'attacher le grelot*. Eh bien! il l'a été par des hommes courageux et désintéressés; qu'en est-il résulté? Buonaparte a cassé, sous le nom d'ajournement, un corps qui faisait partie intégrante de la chartre constitutionnelle dont on s'appuie aujourd'hui et qu'on veut reconstruire de boue et d'argile; il en a dispersé les membres, il a cherché à les avilir, et n'a pas vu que les opprobres dont il s'étudiait à les accabler, étaient des monuments éternels de leur noble dévouement à la patrie, de leur courageuse résistance à l'oppression, et du sacrifice désintéressé que ces dignes et fidèles mandataires faisaient à leurs commettants de leur fortune, de leur liberté; je dirai plus, de leur existence; (car on pouvait tout attendre d'un gouvernement pareil, où l'on voyait chaque jour la tyrannie consacrée, et le despotisme affermi par ceux mêmes qui étaient constitués pour en arrêter les progrès.) Qu'avons-nous fait pour les soutenir? Qui de nous a osé embrasser leur défense? nous les avons abandonnés lâchement, et aujourd'hui nous nous mettons insolemment au-dessus d'eux. *Sic vos non vobis.* Comment des ministres ont-ils pu se jouer aussi audacieusement de la crédulité du peuple, et venir débiter impudemment leurs jongleries devant un Sénat institué pour leur demander compte de l'exercice de leur emploi, et de l'abus de leur autorité? N'avons-nous pas entendu un *M......et* oser avancer en principe que les lois sur la conscription, et vingt ans de guerre, avaient augmenté la population de la France; nous l'avons entendu, et il est sorti de notre sein, libre, triomphant et riant de notre sottise, et de notre incapacité, ou du moins de notre mollesse. Croyez, Messieurs, qu'il en coûte beaucoup à mon amour-propre de faire de pareils aveux; mais le cri de ma conscience s'est fait entendre, et je suis sourd à tout autre voix, à tout autre considération.

Au lieu de faire parler les lois contre ces charlatans ministériels, nous applaudissions à leurs rapports mensongers, ou par notre silence, ou par nos réponses artificieuses; et quand celui dont nous avons prononcé la déchéance avec tant d'appareil et de fanfaronnade, lorsqu'elle l'était déjà par le mouvement spontané de toutes les provinces qui pouvaient émettre leur vœu en liberté, et par le conseil général du département de la Seine, qui n'a pas attendu aussi long-temps pour se décider et se prononcer contre le tyran, en faveur de nos excellents Bourbons; quand ce Buonaparte, dis-je, venait chercher parmi nous des éloges, des hommes à égorger, des trésors à dissiper; on trouvait moyen d'excuser tout, et nos orateurs semblaient lui dire comme le renard au lion :

Sire. . . . . . Vous êtes trop bon roi.
Vos scrupules font voir trop de délicatesse :
Eh bien! manger moutons, canaille, sotte espèce,
Est-ce un péché? non, non, vous leur fîtes, Seigneur,
En les croquant, beaucoup d'honneur.

Nous entendions tout cela, et nous restions tranquilles et muets. Ce n'est pas qu'il n'y eût parmi nous des hommes dignes de la considération publique, des hommes recommandables par leurs talents, leurs lumières, leurs vertus; mais ils étaient étouffés, pour ainsi dire, par la horde des brigands accoutumés au sang, au désordre et aux combustions politiques. On ne confondra pas, je pense, les d'*Aremberg*, les *Lanjuinais*, les *François de Neuf-Château*, les *Jaucourt*, les *Germain Garnier*, les *Fontanes*, les *Sémonville*, les *Pontécoulans*, les *Brissac* et plusieurs autres, avec des *G...t*, des *La....de*, des *S...ès*, des *Gr....re*, des *D...is-D...y*, des *Ch...t*, des *Rœ......* et autres membres impurs et gangrenés, dont les uns sont encore tout couverts du sang qu'ils ont versé ou fait verser, et les autres de la honte d'y avoir participé par leurs sourdes menées et leurs astucieuses bassesses. Je pourrais, disait encore ce sénateur ingénu, me ranger dans la classe des premiers, et je puis bien protester que je n'ai à me reprocher avec eux qu'un peu trop de faiblesse occasionnée par la terreur que le tyran avait imprimée dans notre ame. Nous savions comment il recevait ceux qui n'abondaient pas dans le sens de ses projets atroces, et nous nous sentions arrêtés tout court. Lorsqu'il entreprit cette guerre injuste et cruelle contre la nation espagnole, notre fidelle alliée, n'aurions-nous pas dû nous élever tous spontanément contre un projet si atroce, et pourtant nous ne l'avons pas fait. Il a été impunément engraisser les sillons espagnols du sang des Français, et en rougir les eaux de l'Ebre et du Tage, et il n'a éprouvé de notre part aucune opposition. Il a osé insulter, maltraiter et déposséder le vénérable chef de notre auguste religion, et nous avons paru autoriser sa conduite indécente, et nous rendre ses complices, par un silence coupable et une inaction timide qui imprime sur le front de ses instigateurs et de ses complices, le même sceau de réprobation qui a flétri le sien depuis long-temps dans l'opinion des honnêtes gens. Gardons-nous donc de croire cacher plus long-temps au public détrompé nos fautes et nos erreurs. Avouons-les de bonne grâce, et renonçant au vain espoir de faire peser sur un seul le mécontentement du peuple, par des accusations déplacées aujourd'hui, déchi-

rons noblement cette monstrueuse et ridicule *constitution* que quelques-uns de nos membres ont con-
çue et rédigée, non pas pour le peuple, ni pour le roi,
mais pour éterniser et consacrer leurs grandeurs,
leurs pairies et leur scandaleuse opulence, par un acte
prétendu légal, dont ils ont espéré arracher la rati-
fication de la bonté d'un prince fatigué de révolu-
tions, d'un prince qui, comme son auguste frère,
frissonne à la seule idée de voir répandre une goutte
de sang. Renonçons à des droits chimériques et ima-
ginaires, qui cessent d'exister avec l'acte constitu-
tionnel et le tyran dont la Providence a permis la
chute, et fions-nous à la justice et à la bonté du roi
de fixer le sort de chacun de nous, et à sa sagesse
de savoir démêler parmi nous les coupables qui ne
doivent espérer d'autre grâce que la vie, la liberté,
et la conservation de leurs propriétés; et ceux qui
n'ont été qu'égarés ou entraînés par le tourbillon des
fauteurs de la tyrannie; mais dont les talents, les
lumières, les vertus et le sincère et secret attache-
ment à la cause de Dieu, du peuple et du roi légi-
time, méritent de les faire distinguer de la cohorte
sanglante, dans laquelle ils se trouvaient incorporés.
Tels étaient les aveux de ce bon et judicieux sénateur; je les ai recueillis fidèlement et je les transmets
au public, dans l'espérance, que si d'un côté il y
trouve la certitude que ce n'est pas à Buonaparte seul
qu'il doit l'abîme de maux où nous nous trouvons
plongés; d'un autre côté il ne serait peut-être pas
moins injuste de ne pas faire une différence entre

des hommes tarés et couverts de sang, de misérables apostats, des traîtres à leurs rois et à leur patrie, des assassins juridiques du meilleur des Rois, et entre des hommes estimables, égarés, entraînés ou paralysés par les suppôts de la tyrannie ministérielle et impériale. Que la honte, le mépris et la nullité absolue soient la honte des premiers, et que les autres trouvent, sous un gouvernement pur et paternel, l'oubli de leurs faiblesses, la récompense des services qu'ils ont pu rendre à l'état, et la considération due à leurs talents, à leurs lumières, à l'antiquité de leur noblesse, aux services de leurs ancêtres ou à leur mérite personnel.

A. L. LED***.

FIN.

www.ingramcontent.com/pod-product-compliance
Lightning Source LLC
Chambersburg PA
CBHW061815060726
47597CB00008B/3203